KB263114

나의 기쁨
나의 사랑하는 보배여

아비목회 40년 · 아비가 들려주는 사랑의 시 100

나의 기쁨
나의 사랑하는 보배여

권태진 지음

성빛

서문

돌개천 물길 따라 사십 년

창립의 날 잔상이 가시지도 않았는데 벌써 40년이나 되었어요.

이제 인생과 목회가 깨달아지는데

떠남을 준비해야 될 때라 생각하니,

남은 날들이 너무 소중하게만 느껴집니다.

지난날 돌개천의 흐르는 물이 되어

폭포로, 바위틈으로, 조약돌 만나

노래도 하고 아픔으로 울기도 한

그 길의 추억들은

둔하고 미련한 나에게 말씀을 깨닫게 해주었습니다.

사랑하는 여러분,

이 한 권의 시집에 담겨진 아름다운 추억을 함께해요.

이 그릇을 만든 토기장이와 수고한 이들 감사해요. 사랑해요.

꼭 가슴으로 읽어보세요.

당신은 꼭 행복해질 거예요.

나의 행복이 당신에게 전해져서 감사의 맘 샘물 솟아나

강 하구에 푸른 숲 이루고

밤이면 달이 빠지고

낮이면 해와 사람이 빠지는 맑은 물,

물고기들의 낙원이 될거라 믿어요.

이 모든 것은 하나님이 주신 선물이에요.

우리 함께해요. 사랑해요.

2018. 10. 15

송암 권 태진 목사

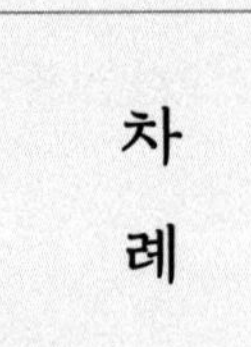

차
례

둘 / 하늘빛 타고 올라

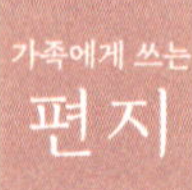

넷, 사랑 품에 자라다오

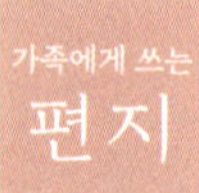

여섯 / 사랑한다, 신령한 가족들

하늘을 향한
기도

작은 연못도 바다인 양

나의 작은 못을 맴돌며
기쁨과 슬픔을 같이 했습니다

/

나

당신이 있는 곳이라면

육체가 흙으로

녹아내려도

죽어가며

살아가며

영원을

노래하겠습니다.

장로회
대한예수교
군포제일교회

꿈을 꾸며

행복한 자는
행복케 하는 분의 품에서
누리고

불행한 자는
불행케 하는 사탄의 권위 아래
살지요

누가 무엇이라 해도
난 주님의 품에서

죽어가며
살아가며
꿈을 꾸며
이루이가고 있이요.

목회 일기

채소밭 백합꽃밭 어우러지고
초가집 스레트집 서로 등 기대어 선 동네

동리 사람 버린 쓰레기 나뒹굴고
며칠 전 죽은 고양이 시체
연탄재 위에 아무렇게나 던져져 있던 곳에
땀 흘려 일구어 평지 만들고 바람에 흔들리는 천막 세우고
훤칠한 아카시아 나무에 군포제일교회 이름 붙이니
10월의 낙엽들 천막 위로 내려앉는다

바닥은 가마니,
강단은 철 책상,
의자도 철 의자.
흙바닥 의자에 앉으니 의자 다리 땅에 푹 들어가 엉거주춤하나
아내의 오르간 반주 위로가 된다

창립예배에 모인 동역자 텐트교회 가득
성대히 드려질 때 힘나고 감격했는데

예배 끝나고 모두 돌아간 썰렁한 텐트 안
늦가을의 추위와 함께 10일 작정 철야 기도를 시작했다
처음 3일 동안 촛불 밝히고
옆집 전기세 전부 내기로 하고 간신히 형광등 불 밝혔다

53kg의 작은 체구,
머리를 무릎 사이 넣고 구부려 보아도
허기진 뱃속까지 걷잡을 수 없이 파고들던 추위,

결혼할 때 장모님 사 주신 아이 담요로
온 몸을 감싸도 뼈마디가 움츠러드는 추위는 어쩔 수 없었다
뜨거운 기도보다 인내와 탄식이 뒤범벅이었지만
영혼 깊은 곳 참 안식과 평안이 샘솟았다

늦 가을비 땅을 적시고
아카시아 잎 하나 둘 떨어지니 밤이 무서워졌다

서원한 것 갚기는 해야 하고 몸은 한계에 도달하여
피할 길을 찾으려 오천 원 빌렸다
을지로에서 전기방석 구해다 텐트 안에 꽂아 놓고
집에서 저녁식사 마치고 나오니
그 사이 누가 전기방석 가져가 버렸다
밤새도록 원망도 하고 기도도 하다가 문득 깨달으니
하나님 주시는 연단,
내 좋은 대로 피하지 않고 견디면 좋은 날 오리라 믿어졌다

개척하면서 고난 각오하고 주님만 의지해야 하는데
사람 찾아 돈 찾아 피해보려했던 어리석음 깨닫고
원망 대신 감사기도

웬일인가, 오늘 따라 저 길 건너편 벧엘약국
다른 교회 권찰 새벽기도 나왔다

어제 새벽엔 나 혼자 찬송, 기도, 설교하는데
내자가 혼자 설교하는 모습 보고 배꼽을 잡고 웃었다는데
누군가 방석마저 가져가 하나님만 의지했더니
그때부터
쌀도 생기고 기름도 생겨서 일용할 양식이 보장되었다

하나님의 일을 위해 기꺼이 드려진 몸
사람과 환경 따라 이리저리 흔들리지 않기를

이래저래 한 평생 죽기를 결심하니
해 아래 겁나는 것 없고
오직 생명 운동 위해 담대히 죽으리라

죽기를 각오한 이상
위로도, 부도, 건강도
기대 없이 그 일 위해 열심히 죽어가리.

주님의 말씀은 생수의 샘

내가 어디서 온 지 알게 하시고
나의 존재를 보게 하셨습니다

가족 간의 관심과 사랑의 표현
효도와 행복한 부부 생활을
가르치셨습니다

자녀 교육의 재료, 도덕의 기준,
정치 경제 사회 흥망성쇠의 이유를
알게 하셨습니다

현실은 과거의 열매
현실의 결과는 힘찬 내일임을
알게 하셨습니다

가정을 다스리고 미래를 사는
참 지혜가
주님의 말씀에는 가득함을 보았습니다

거문고 소리 같고
꿀송이처럼 달콤한
나의 인생의 참 행복 집,
생수의 샘 흘러넘쳐 모두가 마실 것입니다.

청년교회

가난을 체험하고
슬픔을 함께 하는 이웃으로
영혼과 육체의
참된 안식을 준비해온 교회가
20세의 청년으로 성장했습니다

하나님의 사랑 실천으로
사단법인 성민원을 탄생시켰고
쌍무지개 빛의 사랑 실천되고
하나님 나라의 목적이 이끄는 교회로
온전히 허락되어 복지목회로
함께 선두로 나서는 교회가 되었습니다

이 행복한 대열에 함께 한
천하보다 귀한 님들
사랑의 맘 안고
온 성도는 가슴 열어 맞이합니다.

1998 입당예배를 드리며

종의 길

주인이 가신 길 가시밭길인데
종이 그 길 원하지 않으면
주인과 동행할 수 없고

주인이 십자가 순종의 길 가는데
종이 십자가 짐 원치 않으면
그 영광 누림 부활의 생명 없음이 당연하니

맛 잃은 소금되어
밖에 버려져 밟히게 되어도
어찌 억울타 하리요.

고백

내가 약해져도
당신은 강했습니다

내가 흔들릴 때도
당신은 든든히 잡아주었습니다

내가 잘 때도
당신은 졸지도 주무시지도 않고
나의 사랑을 지켜주었습니다

생각이 짧아
실수를 할 때도
항상 큰 사랑으로 용서해 주었습니다

당신을 생각할 때마다
감사의 눈물을 흘립니다

내가 부족하여도
목양에 차질이 와도
기도한 대로 복지하는 교회가 되고
성장하는 교회가 될 것을 믿게 하셨습니다

풀잎처럼 약한 나를 당신은 아시고
좌절에 빠질 때마다 굳게 잡아주셨습니다

"내가 네게 명한 것이 아니냐
마음을 강하게 하고 담대히 하라 두려워 말며 놀라지 말라
네가 어디로 가든지 네 하나님 여호와가
너와 함께 하느니라 하시니라"(수 1:9)

당신은 나의 생명과 능력입니다
죽고 살며
오직 충성된 종으로만 살겠습니다.

희망이 보입니다

하루도 안식할 날 없음은
믿음 없는 연고요

가시밭길 고통의 세월
믿음 없는 연고요

무거운 짐 지고 신음함도
믿음 없는 연고임을
알았습니다

홍해의 물길에 기죽고
광야의 환경에 낙심하고
가나안의 대적 두려워하여
지도자 원망함도

큰 주님의 약속
믿지 못한 연고입니다

이제 환경을 지배하는 주님 믿으니
희망이 보입니다

아무 염려 없습니다

평안 속 고통이 누림되니
이젠
환경 가난도 계산 없이

하루하루
십자가 진 주님을 바라보며
종으로 살렵니다.

태양아

태양아 빨리 뜨거라
오늘은 주일 성도들 만난단다
주의 피 범벅된 생명의 떡
누리게 할 님의 뜻
전하고 싶구나

태양아 늦게 지거라
아침부터 저녁까지
만날 사람 많으니
찬찬히 서산으로 가라

희미한 달빛 품은 밤아
나의 약한 몸 품어
포근히 잠들게 해다오

꿈결에 말씀 전하다 깨지 않고
은혜의 바다 평안 느끼는
회복을 주려무나.

어떤 환경도 좋아요

누가 나를 미워하면 난 나를 더욱 사랑할래요
누가 나를 필요없다 하면 난 나를 귀히 여길래요
누가 나를 사랑하면 난 님을 더욱 사랑할래요

누가 나를 동리에서 밀어내면
난 거룩한 님의 품에서 참 행복을 누리며 살래요

누가 나를 왕따 시키면
천사의 노래 들으며 더 좋은 세계를 위해 준비할래요

어떤 환경도 좋아요
모두 행복의 씨가 되도록
옥토에 심어 아름다운 나무 키워 볼래요

환난이 와도 대적이 와도 가난이 와도 좌절이 와도
감사하며 감사하며 님이 주신 꿈 키워갈래요

성령의 인도로 가는 생명 길,
행복 나라, 사랑 실천의 정원

한 송이 백합화로 곱게 피어나는
아름답고 귀한 길 달려갈래요.

춘삼월 그 날

춘삼월 그 날에
떠나간 이 기다리는 너여

진달래 곱게 피거든
살짝 웃으며
양 볼에 보조개 수놓고
부푸는 가슴 속에
좋은 꿈 가득 채우자

너여!
사랑한다
용기 잃지 말라

너의 하나님이
외양간에서 나온 송아지 같이
뛰게 하리라

행복한 너여!

빛과 어둠

빛 좋아하는 어둠 없고
기름과 하나 되는 물 없고
성령과 하나 되는 다른 영 없듯이

세상이 좋아하는 교회 있다면
그는 필경 세속에 뿌리를 둔
무늬만 교회일 것이다

예수 그리스도 세상에서
고난과 핍박당했는데
그의 몸된 교회 향해
세상이 칭찬하겠는가

의가 있으면 박해가 있는 법
고난은 천국의 상급 받는
큰 기쁨의 씨임을 알아

기뻐하고 즐거워하라
그리스도의 음성을 들으며
새로운 세계로
발걸음 옮겨 놓는다.

새예배당에서

새 옷 입은 아이
새 신 신은 아이
좋아서 머리가 하늘 만치 닿도록
껑충 뛰고 싶음 같이

새 예배당 주신 님
건축 위해 옥합 깬 이들
앞으로 함께 십자가 질 사랑의 사람들

구원받은 택한 백성
하늘에 닿도록 찬송하고
응답이 눈에 보이도록 기도하며
예배당 가득히 생명의 풍성함
열매 맺고 싶구나

이제 또 시작하리라
처음 사랑과 행위를 가지리라
그 동안의 녹과 먼지 지워 버리고
새롭게 새 마음으로 새 사람들 만날
큰 기대 가슴을 채우며

남은 생애 촛불처럼 녹일 빛된 사역 위해
그리스도의 고난을 온 몸에 채우련다.

바른 길

밤 낮 주관하는 어둠과 빛
어둠을 입고
빛 운동 방해하는구나

주님이 주신 대제사장 권위
어둠의 시녀들 진리를 막는구나

손바닥으로 하늘 가리고
우산으로 비를 막을 수 있나

성령의 사람 능력 입혔으니
그 누가 막으랴

생명 내어놓고 순종만 하면
사자굴 풀무불 십자가 위에도
영원한 능력 꽃이 핀다

육성 넘어 지성의 길
영성의 눈 밝히어
바른 판단 분별의 행위로
영원 행복 소유하려무나.

사랑에 빚진 자

십자가 사랑 앞에
고개 들 수 없나이다

사랑과 감사 알지 못하는 이들 보면서

자아(自我)를 본 듯 부끄럽습니다

아!
난 사랑에 빚진 자

당연한 사랑 실천만이
종의 의무인 걸 알고
죽도록 충성만 하겠나이다.

당신은

당신은
나의 작은 연못이
바다인 양 닻을 내렸습니다

나의 작은 못을 맴돌며
기쁨과 슬픔을 같이 했습니다

당신은
내가 고통 속에 헤매일 때조차도
떠나지 않았습니다

당신은 보잘 것 없는 웅덩이를
큰 바다처럼 깊고 넓게 만들어 주었습니다

나
당신이 있는 곳이라면
육체가 흙으로 녹아내려도
죽어가며 살아가며
영원을 노래하겠습니다.

내 사랑 1

희미한 등불 밑에 가지런히 놓인 침대
힘없이 엎드려 잠든 내 사랑
밤새 기침으로 가슴 통증을 호소하더니
새벽녘에서야 고단한 잠이 들었나보다

누군가 조용한 새벽
건강과 잠의 주인님께 내 사랑의 형편을
기도해주었나 보다

형체도 없는 사랑과 정이
내 사랑을 향해 달려가고

지금 내 사랑의 밭은 피곤하나
내일에는 아름답고 건강하리라
하얀 배꽃처럼 더없이 맑은 얼굴로
활짝 웃을 때면
꽃을 향한 나비의 날갯짓을 재촉하리라

아름답고 고운
내 사랑은
박토에서도
화려하게 피어나리라.

내 사랑 2

귀한 자녀야
얼굴만 붕어빵 아니라
맘까지 닮았구나

못난 몸 물려줌 미안한데
모난 맘까지 물려주다니
서러워 잠 못 이룬다

창 밖 태양 싱긋이 웃을 때
동심에 듣던 까치 노래 소리
귓전에 울려 자아가 깨어난다

누구와 비교해 못났는가
아들아! 나도 잘난 것 있고
너도 잘난 것 있다
용기를 내라
너를 도우시는 하나님을 바라라

아비는
주님으로 인해
무한히 행복하구나
내 사랑, 아내
내 사랑, 자녀들.

사랑의 선물

험한 세상
버린바 되어도 낙심 말아요

헐벗고 수모 있어도 감사함은
십자가 밑 구원받은 백성 되니
아버지의 능력으로
대우받고 누립니다

겉사람
세상풍파 견디다 약해져도
믿음으로 구원받은 영혼
진리의 양식 성령 통해
공급하심 감사해요

아버지 사랑입고
예수님의 순종으로
십자가의 좁은 길
찬송하며 가옵니다

아버지여!
나의 생명
나의 환경
아버지 사랑의 선물입니다.

첫눈 오는 날

고교 시절 무전여행
부산역 첫눈 오는 날

서울 가는 기차를 기다리며
여행에 지친 몸
의자에 기대앉았던 생각
잠들지 않고 일하는
회중시계 소리타고 다가온다

그때의 내 모습 아들에게서 보인다
난 아버지가 없어
얼굴에 기름기 없어 풀 죽어 살았고
내 아들 아버지도 양식도 꿈도 있는데

옳다구나
그때 내 모습 아들에게 보였다면
오늘의 내 모습도 닮겠구나

매년 첫눈 오는 때 좋은 추억이 있으면
매년 좋아라 하겠지

첫눈 오는 깊은 밤
아름다운 추억을 꺼내어 본다.

헌신의 노력하리라

난
좋은 목회자가 되기를 원해
님의 말씀을 양식 삼고
기도로 호흡하고
경건된 삶을 위해
헌신의 노력하리라

난
좋은 아버지와 남편이 되기 위해
님이 주신 가정을 소중히 여기며
고해(苦海) 속의 작은 배
평안을 위해
헌신의 노력하리라

난
성도들을 만날 때면
하나님이 보낸 소중한 영혼들을
나의 영혼처럼 양육하리라
님 앞에서 칭찬 받는
좋은 신부 만들기 위해
님의 교훈대로
나의 작은 생명 드리기를
소원하며 노력하리라

누가 알아주지 않아도
묵묵히 님의 종으로
일꾼을 양육하고
성도들을 자녀처럼 사랑하고
석양의 노을진 곳 넘어
님이 예비한 천국 향해 조용히 가리라.

하늘빛 타고 올라

사랑 실천만이
종의 의무인 걸 알고
죽도록 충성만 하겠나이다.

/

가난한 어린 시절

배고픔과 외로움,

불행인 줄

알았는데

더불어 사는

아름다움을 알게 하신

은혜였습니다

대한예수
교장로회 군 포 제 일 교 회

님이여 감사합니다

가난한 어린 시절 배고픔과 외로움,
불행인 줄 알았는데
더불어 사는 아름다움을 알게 하신
은혜였습니다

질병으로 서러움의 눈물 흘리게 하심은
영생의 소망과 감사하는 지혜를 알게 하신
사랑이었습니다

월남전 포성을 들어가며 전쟁하게 하심은
자유와 평화를 위한
기도와 사명 깨닫게 하는
가르침이었습니다

순간순간 좌절과 한계 느껴도
고통 중에 양육한 성도 더욱 사랑케 하는
성령의 인도하심에
감사했습니다

오 님이여,
감사하지 않을 수 없어
눈물로 감사드립니다
님의 사랑 깨닫게 하심 감사합니다.

탕자야 돌아와

사랑하기 때문에
기다리고

사랑하기 때문에
용서하고

사랑하기 때문에
잔치 배설하고

사랑하기 때문에
과거를 묻지 않고

배신한 아들
품에 안는
아비지 큰 사랑의 품으로
탕자야 돌아와

네 가슴에 아버지 사랑 심고
행복의 배 안에서 진리로 노 저어
세속의 물살 가르며
영생의 낙원으로 함께 가자꾸나.

나에게 채우신 은혜

외로울 때 생각나는 사람
그는 필경 그릿 시냇가에
님이 보낸 까마귀였습니다

힘들고 어려울 때 만난 당신은
히스기야의 상처부위에 발라지는
무화과 반죽 그릇이었습니다

나의 내면의 어두운 세계를 볼 수 있음은
필경 성령님 참된 빛의 조명

빈 섬 빈 병 같은 나에게 채운 은혜
전능자의 큰 선물입니다.

감사예배

생로병사(生老病死)
짐 지고 가는 사람
빛바랜 은빛 머리카락
바람에 흩날린다

검버섯 핀 얼굴의 주름 주름
고해(苦海)에 시달린 인생의 훈장

쓸쓸함에 탄식하던 긴 밤
지나니
찬란한 태양 떠오른다

군포제일교회 성도 믿음
복지새싹 자라난 지 어언 10년
이 만큼 자라
노인복지회관 품에 안으니
실버의 낙원 되었구나

한 동안의 산고가 더없이 감사해
님 앞에 영광을 돌린다.

군포시노인복지회관 개관 1주년 감사예배

최고의 지식

내 존재의 주인
나 아니요
호흡도 삶도 노력도
좌우할 능력
나에게 없구나

철없을 때는
보이는 것만 보고
할 수 있다고 큰소리치며
착각할 때도 있었지

내 힘만으로는
한 사람 변화도 감동도
시킬 수 없으나
전능자 내 삶에 임하시면
그 무엇도 불가능 없음을 안다

이 지식이
최고의 지혜와 행복
님의 큰 선물인 줄 믿고
감사드린다.

새봄엔

지난 해 떠난 봄
여름 가을 겨울의 터널 지나
희망 안고 온다

벚꽃 목련 진달래
하늘 빛 전령 품에 안겨
삼월 계단 밟고 온다

길손의 나이만큼 오고간 봄
만남과 헤어짐의 추억들
한 빗방울로 떨어져
바다로 향하는 물길만큼
다양한 환경

생로병사(生老病死)도
돌개천의 삶도
고해의 일렁임도
저 낙원을 믿는 믿음 있어
희망을 노래하며

새봄엔 사랑의 씨를 심어보노라.

주님 가신 길

험한 길 가시밭도
주님 가신 길이라니
자욱 자욱 의미있고

걸음 걸음 주님이 흘리신
피와 땀 생각하니
가시밭도 송구해
몸 둘 바를 모르겠어요

대속의 은혜 입히는 삶
한 알의 밀알의 썩음
돋아나는 생(生)

신비의 은총 입힌 교회
지체로 붙여 주신 사랑 고맙고 감사해

시기자들 올무에도 분노 없고
풀무의 불길에도 더위를 식히고
배고픈 사자의 신음도
사랑노래로 들리게 하신

은혜 주신 주님께 영광 돌리며
그 나라 향해 좁은 길 가노라.

누림

가둘 수 없는 사람
열린 하늘 문 누가 닫나
닫힌 하늘 누가 여는가

천사의 손 능력입어
악인의 기대 벗어나고
악인은 멸하시니

말씀이 홍왕하고
좌우의 날선 검 되어
심령을 찔러 쪼갠다

연약이 강건 되고
억압이 자유 되니

오호라,
주의 일꾼의 누림
그 누가 측량하랴!

주의 제자로

난 누구입니까
예수님의 참 제자입니까
영적인 갓난아이 돌보는
고아원 원장입니까

제자의 사역을 합니까
복지 사업을 합니까

복지 사업을 한다면
난 예수님의 진정한 제자 아니며
참 목자도 아닌 것을 알았습니다

예수님의 제자도 아니면서
제자의 길 간다면
종말은 가룟유다의 길이겠지요

주님 앞에 가는 날까지
참 제자로 생명길 가도록
성령의 능력 입혀
주님의 제자로 사역하게 하소서!

신령한 눈 열어

하루도 평안할 날 없었다는 말 대신
잠시도 보호의 은총 입지 않은 날 없음을 고백합니다

가시밭 험한 길도 긴 세월 걷게 하심
오직 님의 은혜입니다

보이는 것만 보는 육에 속한 인생이면서도
이젠 보이지 않는 하나님의 종의 길
눈물 없이 못 가는 길이지만

신령한 눈 열리면 기쁨의 길, 영광의 길이라
죽음 저편에 숨기어진
영원한 길 가는 능력 주소서

오, 나의 믿음 떨어지지 않게 하소서
사람의 영광을 구하는 연약한 종 되지 않게 하소서
힘들고 어려워도 십자가 지고
오직 순종의 길로 성령님 인도하소서.

눈물의 여정

봄 햇빛 같은 사랑
산악 품으려 굳은 맘 녹여
눈물 흘린다

가는 길목 산천을 키우고
버들잎 그림자
물에 빠졌구나

돌 밑에 가재 꿈틀대고
낙엽 바닥 잠들었다

눈물의 바다 가는 길
군데군데 쉬어 간다

여름 만나면
개구쟁이 온몸 어루만지고
초저녁 후미진 곳
시골 처녀도 만나는구나

바다로 가는 눈물의 여정
한 인생의
천국 가는 행로 같구나.

세월의 물길

물같이 흐르는 세월의 배 타고
물길을 주장하시는 주님께 조용히 가렵니다

돌개천을 만나면 노래하고 폭포를 만나면 성화 이룰래요
바다로 가는 물길 따라요

흐르는 물 돌아서지 못하듯 가는 세월 세우지 못해
밤낮의 물레방아 돌아가는 날틀에
철석철석 물장구치며 넓은 바다 채우지 못할 곳으로 흘러가요

외로운 웅덩이에 갇히면 하늘빛 타고 오르네요

물처럼 흐르며 상처 없이 함께 흘러가렵니다
버들 만나면 움틔우고 산천어 키우고 천천히 갈래요

여름 장마로 상처난 산악 피고름 묻히면
기도하며 저 푸른 바다로 급히 가서
큰 파도 타고 소금 맛보며
희망을 노래합니다.

단 한번의 길

주님이 주신
십자가인줄 알았는데
내가 만든 십자가였습니다

영광을 위한
길인줄 알았는데
세속의 것 얻으려고
지고 간 십자가였습니다

주님의 십자가 아닌
강도가 진 십자가 지고
주님의 십자가라고 자랑하는
어둠에 속한 자

이제 눈을 떠서
생명의 십자가에 온 몸을 달고

한번 가는 길
한번 죽는 길
오직 좁은 길에

온 몸 불살라
부활의 길 열어봅니다.

고맙다 시야

네가 있어 행복하다
네가 일어나면 즐거움 깨어나고
네가 잠들면 기쁨이 잠든다

깊은 밤
옆자리에 들리는
나직한 코고는 소리
삶에 동행의 기쁨을 주는 구나

환난 고통 연약
너는 나를 강하고
담대한 사람이 되게 한다

십자가 지는 주의 제자
인생 맛보게 하는 구나

아! 시심에 안겨 사는 생은
기쁨도 눈물도 모두
생수일 뿐이구나.

새날을 기다리라

뿌연 하늘 흰 눈
춤추듯 내려
앙상한 몸 하얀 소복 입고
나뭇가지 눈꽃 피우니

산새의 날개바람에도
눈꽃이 진다

동녘 해님 방긋 웃을 때
흔적 없이 눈물 흘리며 떠나는 길
겨울나무의
갈한 목 축여주며 말하길

나무야 나무야
태고(太古)의 세월에도
초연히 지내는 저 바위 보며
오고가는 길손의 눈길
갈구하지 말고

눈비 많은 날도
사랑의 그릇에 행복 소복이 담고
새 날을 기다리라.

살며시 웃음을 물고

그러나 난

저 푸른 바다 산호초 속에서

젊음을 자랑하는 조개보다

행복합니다

/

젊음이 상상 못한

속사람 가슴

팽팽히 차오르고

청춘의 추억

훗날 낙원 설레임

세월에 떠밀려가지 않고

자원하여

가련다

군 포 제 일 교 회

무엇을 보는가

풀잎에 핀 권세는 시들고
공중의 먹구름 바람에 밀려가는구나

산중턱 매력 없이 앉은 반석은
변함없이 비바람 눈서리 견디며
산을 지키는구나

아, 내 마음과 내 몸
무엇을 보는가?

저 하늘 저편의 천국 보며
인내와
사랑의 열정 품고
하루하루 노래하며 가노라.

노송

반백 년 넘어 온백 년 향하니
애송이인줄 알고 철없었는데
어느새 노송이 되어감 알아

가지 끝 솔방울 방울방울 맺고
비스듬히 몸 눕히고
검붉은 가죽 덕지덕지 업고
자리 지키고 있구나

아! 노송아 세월의 무게만큼
힘든 생 살았으니

솔방울 만드는 초조함 벗고
저 먼 산 바위 옆 흐르는 실폭포 보면서

오늘의 삶 위로받고
행복을 만끽하려무나.

하늘에 쌓아보자

하루를 한달같이 지내나
영원함 없으니
가는 세월 잡지 못하고
오는 세월 막지 못한다

해 아래 수고는 끝날 날 도래하니
사는 날 동안 양심이 자유하고
죄에서 자유하게 하는
대속의 은혜 입힌 그분의 품안

흙으로 돌아갈
육체의 종노릇 뒤로하고
저 낙원 바라보며
가진 것 보람 있게 사용해보자

남은 날은 아끼고
가진 것은 나눔으로
세월 길 하늘에 보물을 쌓아보자.

놓아라 비워라

가노라 세월
청춘이 가는구나
친구도 마음의 고향도
점점 멀어지는구나

조용히 마음 추스르며
떠남 준비하니
인생의 허무함이
아귀다툼하던 세월
어리석다 꾸중한다

놓아라 비워라
놓아야 자유하고
비워야 평안하다

일용할 양식에 자족하고
주고 나누어
영원한 하늘 복 채워보자.

보이지 않는 세계

발자국을 남기며
해변을 걷습니다

푸른 물은 하얀 띠를 이고
모래사장으로 오르다 지쳐
물러나고 또 다가옵니다

파도에 쓸려 모래사장으로
밀려나는 작은 조개껍질처럼
난 자꾸만 밀려나고 있습니다

이마에 잔주름 늘어가고
심장의 떨림은 어느새
젊음의 터널을 벗어나고 있습니다

그러나 난
저 푸른 바다 산호초 속에서
젊음을 자랑하는 조개보다
행복합니다

감찰하시고 책임지시는 하나님이
나의 보호자 되시기 때문입니다

보이는 세계, 느껴지는 것만 보면
왈칵 울고 싶으나

보이지 않는 저 님의 세계를 보면서
살며시 웃음을 물고
감사하는 맘 키워 봅니다.

회개하며

먹자고 하는 일
무엇을 그렇게 무리해
병들면 그만인데 건강 돌아봐야지

종종 듣는 말
목회는 먹자고 하는 일 아니며
병들어도 중단할 수 없고
적당히 할 수도 없는 일

먼저 가신 분들
십자가 형틀도 감내하고
가난 따돌림도 감수하며 걸어온 걸음이
구원 받은 백성
신령한 가족 이루게 했어요

해산의 고통 양육의 수고
피해가는 자 부모 될 수 없고
십자가 고난 피해가는 택자에게
하늘의 별 같이 빛나는 영광
기대할 수 없지 않나요

온종일 금식하면
아집의 결박이 풀리고
말씀의 길을 밝히니

불이 아닌데 나무를 태우려 하고
기쁨과 소망 없이
다른 사람 소망 가지게 하려는
어리석음을 회개하며
성령의 능력 덧입습니다.

어리석은 나날들

인생 후반
목회가 끝나갈 무렵
나를 아는 복을 받는다

난 누구를 변화시킬 수 없고
나 자신과의 싸움도 벅차서
종종 실패한다

이젠 내가 할 일만 하지
상대를 변화시키겠다는
어리석은 죄를 지지 않으려한다

사람의 변화와 구원은
오직 하나님의 사랑, 그리스도의 순종
성령의 감동이다

오직 난 다윗의 물매되어
말씀이 원하는 곳으로 간다.

빈 둥지

분주히 만든 둥지
눈도 코도 없는 알 낳고
사랑 가득 깃털 열고 품어
새끼 부화 시키고

노랑 입 벌려 먹이 찾는 자녀 새 필요 채우려
새벽부터 날갯짓 하는 때 지났다

아기 새 자라 둥지 떠나고
자녀 양육에 지친 어미새는
텅빈 둥지에서 시름시름 앓고 있다

집에 빗물이 새고 날개도 힘이 빠져
저 하늘 나는 자녀 새를 보면서 보람을 느끼나

이젠 외로움에 지쳐 고개를 떨구고
비스듬히 누워 영원히 떠날 준비를 하는구나

하늘을 보고 떠날까
땅을 보고 떠날까
마지막 가는 길도
저 하늘 보려무나.

어미 새의 노래

사랑의 열매 가슴 품어 깨어나
노랑 주둥이 벌리며 어미 기다리던 새끼들
장성하여 둥지를 뒤로하니

허름한 둥지에 새끼 키우다 지친
어미 새 홀로 남아
사랑을 입혀 보낸 자녀 새를 기다립니다

낡은 둥지엔 빗물이 새고
나무도 고목이 되어
언제 없어질지 모르는 형편

수명 다하는 날 저 허름한 둥지에서
고독을 이기지 못하고
양식 구할 힘도 없이 죽어가는
한 마리의 새와 같은 노년의 삶
누가 이 길을 피할 수 있나요

겉사람 후패하고 속사람 새롭게 되는
좁은 길 낙원 인도하는 분
항상 내 곁에 계심 믿으니

희미한 빛 넘어 보이는 낙원
세속의 번민 사별의 두려움 이기고

죽어가고 살아가며
영원 행복을 노래합니다.

기쁨의 주인되어

세월 길로 가버린 청춘
돌아올 수 없는 젊음
백발의 노년
면류관 아름답구나

늙음은 인생의 맛을 알고
죽음의 담 넘어 낙원의 지혜
젊음이 상상 못한
속사람 가슴 팽팽히 차오르고
청춘의 추억 훗날 낙원 설레임

세월에 떠밀려가지 않고
자원하여 가련다
하얀 머리 시간에 바래고
육체는 흙으로 돌아갈 길 가까워도

구름타고 승천한 님 따라
영혼 저 구름 위 오를
산 소망을 아름안고
베틀에 북 나들며 명주옷 짜듯
철석이며 보람되게
기쁨의 주인으로 살아가련다.

눈 열어주오

따스한 봄이 창문을 노크할 때면
가는 이의 눈물과
오는 이의 웃음이 있다

사거리에 세워진 이정표는
행복 불행 영생 영벌

십자가 없는 넓은 길
달려가면 무엇을 얻을 것 같은 화려함
전능자에게 여쭈니
불행의 길이란다

십자가 있는 좁은 길
영생과 누림으로 가는 길

내 눈과 맘은 넓은 길 가려 하니
현실에 결박되어 살아가고 있구나

오! 신령의 눈 열어주오
진리의 길 택하게 하소서.

하늘의 별 같이

질그릇 담긴 보배로
육체 속에 담긴 구원받은 영혼
그리스도 안 새것 되었으니

헌것인 때의 지식 생각 사상 삶
인정 욕심 안일 뒤로하고
아브라함처럼 훌훌 떠납니다

하나님과 화목 이루는 길
예수님 안에서
조용히 계시된 약속의 문 열고
신령과 진정 담고 예배하니
기도의 향기 하늘 향하고
은혜의 단비 내리운다

화목케 된 자의 직분
다른 사람도 하나님과 화목하게 하는
사명자로 세워졌으니
하늘의 별 같이 대대로 빛나는 길
복된 길 열렸구나.

감사합니다

어린 시절 의지할 곳 없어
가난과 외로움 체험케 하심에 감사합니다

병들어 고통 속에서 젊음을 보내고
예수님을 만나게 하심을 감사합니다

갈급한 마음을 갖게 하시고
교회 창립 후 넉넉함 한번 없이
살게 하심 감사합니다

마음 열고 교통할 친구 없고
가까울수록, 사랑 입은 자일수록
더 대적하게 하심 감사합니다

세상과 사람에게 기대 않고
오직 주 보게 하심 감사해

영광을 하나님께 돌리며
감옥과 사자굴에서도 나를 도우소서
기도하며 하루하루 살아갑니다.

질그릇 되어

질그릇 되어

생로병사 짐 지고
희로애락 안고
고해의 바다
항해하는 인생아

방향도 키도 없이
온몸을 전능자께 맡기고
사랑의 용광로 속
참 안식 누리어라.

어머니

오월 어버이 날이면
지난날 추억 살아나요

개척하는 아들 집 오셨다가
저녁 지을 쌀 없어
울면서 떠나는 어머니의 뒷모습
뒤 따르는 작은 아들 부부
가난의 서러움 가슴 눈물이
불우이웃 함께 할 마음 밭 일구었어요

아픔도 기쁨도 부족함도
자녀의 희로애락을 온 몸에 채우신 어머니

눈물이 앞을 가려
군포역 플랫폼 계단을
손으로 더듬던 사랑의 어머니

아들 집 쌀독 채워지고
시골 갈 차 준비되었는데
어머니는 기다림 없이
사랑만 주시고 떠났어요

그리운 마음
사랑의 샘 되어
성민 물가로 흘러가요

세속의 아픔은 세월이 약이나
어머니 그리움은
내 가슴에 샛별 되어 빛나요
어머니!

목회의 추억

가슴 뭉클한 목회의 추억
내 가슴에 쌍무지개로 피어오른다

주일 예배 참석하려고
촉진제 맞고 출산 후 3일 만에 나온 아내
강요 아닌 자신의 결정

성경을 그대로 믿는 믿음과 삶
개척의 고난 내조의 짐 견디다

나 죽으면 남편 목사 재혼한 후
그 여인에겐 이 고통 없게 해달라고
은밀히 흘린 기도

남편 목사 힘 잃을까봐
혼자 안고 신음하다 쓰러진 현장
하나님도 감동해
기적의 손길로 일으켜 잡으시고

행복한 영육의 가정을 통해
보람과 감사의 노래로
목양 40년 감사의 손 모읍니다.

돌개천 물길 40년

나이 삼십에 찾게 한 군포
천막 예배당 바람에 일렁이고
아카시아 낙엽 천막에 내려앉으나

목양의 꿈 붙잡힌 가슴
생명을 토해 내고
돌개천의 흐르는 물길 따라 40년

폭포 같은 생명의 위협 느낄 때
주의 능력 체험하며 성화 이루고

잔잔한 곳 만날 때면
행복 노래하며 사람 사랑 했다

이젠 지난 세월 추억하고
남은 시간 천국 준비하며

신령한 가족들 함께
사랑의 행군 시작 하리라.

가족들에게 쓰는
＋＋＋＋
편지

사랑 품에 자라다오

하늘 열고 쏟은 봄빛

돋아난 새싹, 활짝 웃는 꽃봉우리

하늘만큼 높은 꿈

바다만큼 넓은 마음

진리로 이뤄지니

사랑스러운 보배들

불길처럼 타 올라라

흑암 삼키우고

의의 능력

나타내라

군포제일교회
제일선교원 원아 모집

사랑하는 보배들아

하늘만큼 높은 꿈
바다만큼 넓은 마음
진리로 이뤄지니
사랑스러운 보배들

"예수는 그 지혜와 그 키가 자라가며
하나님과 사람에게 더 사랑스러워 가시더라"

열악한 환경에도
낙원의 행복 산 소망
영육의 승리노래 호흡하며

불길처럼 타 올라라
흑암 삼키우고
의의 능력 나타내라
사랑하는 보배들아!

꽃봉오리

하늘 열고 쏟은 봄빛
돋아난 새싹
활짝 웃는 꽃봉오리

행복을 노래하는 벌, 나비
춤추는구나

하늘 꿈 이룰 보배들아
영육의 강건 입어
큰 영광 호흡하며
예수님 안에서 성장하려무나.

고구마 밭에서

가을바람 찾아드니
산들은 단풍으로
색색의 옷단장하고
들에는 열매로
추수꾼을 부를 때

농원에
고구마 넝쿨은
기력을 잃고
고사리 마음 품은
봉거진 흙들은
싱긋이 웃는다

아름다운 여인이
잉대한 것처럼
만족해하는 땅을 파고
아이의 머리만한 고구마 캐며
호기심을 키우는구나.

-1992. 선교원 어린이들과 농원에서-

농장에서

능금이 태양보고 얼굴 붉히고
배나무는 황금주머니를 달고 있다
농장 주위 산, 들에는 불 붙었고
고구마 줄기는 시들고 있다

노란색 유니폼을 입은 동심은 마냥 즐겁고
한 마리의 삽살개도 아이들 동무하잔다

아! 사람 자연 짐승의 조화
한 폭의 그림이라
한참을 바라보자니
무아의 경지에 간다

끝났어요, 가요
재촉하는 말에 응하며
대추 하나 따서
손에 들고 농장을 뒤로 하며
흙의 진실함을 깨닫는다.

1993년 제일선교원 가을소풍에서

재롱잔치

즐거운 성탄 어린이 재롱잔치 열렸다

꼬마 녀석 나와
관중들의 눈동자 의식했는지 멍하니 서 있다

오늘 따라 녹음기가 고장 났나?
3분이 지나니 사회자,
시간 때운다고 말 재주 재롱을 부린다

우두커니 선 자녀의 모습도 예뻐서
카메라 후레쉬를 연신 번쩍인다

고슴도치도 자기 새끼가 제일 예쁘다는데
저 부모 자녀의 모습이 얼마나 귀하고 예쁠까
부모님 사랑의 눈에 비친 모습
미움과 허물이 있을까

오! 감사해라
사랑의 위대함
실수와 추함을 덮어버리고
온통 고운 것과 예쁜 것만 보게 하는
능력이 있다.

주님의 품에 자라다오

전능자 섭리 속
불타는 사랑 하나 되어
대롱대롱 열매되어
온 가정 달렸네요

뼈와 살 진액 뽑아
곱게 곱게 피어난 자녀들
선물과 상급으로
행복의 씨 되었네요

육체 빌려 태어났으나
물과 성령으로 한 번 더 태어나
영육의 아들로
사랑의 주님 품에서 자라다오

자녀 사랑 고통으로 피어나고
서러운 눈물 감사의 노래

부모는 보상의 기대 접고
은혜에 감사하는 자녀 날개 펼치니

영원히 동행하며 저 낙원의 안식
함께 함께 누려보자꾸나.

하얀 모래와 검은 바위가 있고 바다가 출렁이는 곳에서
너희들을 생각하고 있단다.
목사님에게 편지와 카드를 쓴 이들도 많고
초콜릿과 사탕 등 선물을 준 친구들도 많이 있단다.
그러나 목사님이 일일이 답장을 하지 못해서 미안하게 생각한단다.
때로는 시간에 쫓기다가 자세히 읽지 못할 때도 있었단다.
목사님이 잘못한 것 같아 하나님께 회개했단다.
앞으로는 친구들의 편지를 잘 읽어 볼 것이니 마음껏 편지하거라.
얘들아! 목사님이 하루에 우리 친구들을
한 사람씩만 만나도 1년이 걸리고
온 성도들을 만나려면 5년 이상의 시간이 걸린단다.
그러나 목사님은 주일학교 친구 모두를 사랑한단다.
너희들은 우리 모두의 소망이며, 보배란다.
사랑하는 친구들아!
진달래, 개나리 피는 새봄에
하나님 사랑을 사람들에게 전하는 전도의 열매를 맺어 보자꾸나.
지금까지 고사리 손 모아 하나님께 기도해 준 것 고맙구나.
건강해라. 사랑한다. 안녕.

2008년 어느 날,
FROM. 권태진 담임목사

나의 보배들

사랑하고 사모하며
기쁨이요 면류관
나의 보배여

주 안에 서세요

주님의 마음을 하나로 품고
생명책에 기록된 이들
돕고 도우며
하늘에 예비 된 상급을 받는 일에
동참해 보아요

가을의 들녘에서
풍성한 열매 맺는 나무되어
농부의 사랑 입는
웃음꽃 피우고

행복한 들녘
함께 걸어요.

어른의 스승

사랑 입고
꿈을 안은 아이들아!

작게만 보았는데
그 속에 어른을 품었구나

어른의 속마음이
너를 통해 보이는구나

아이는 어른의 스승됨
지혜자만 알겠지

희망 품은 아이들아!

복음의 옥토
물가에 심기어
하늘 열매 가득 맺어
행복한 사회 이루어라.

아이들은 우리의 미래다

소복이 모인 자녀들
맑은 눈 가득 나의 눈에 담아
가슴으로 돌진하고 다리 잡고 흔들어댄다

"기도해 주세요"

저들이 무엇을 알고 기도 부탁할까!
선생님이 무엇이라 가르치셨을까!

"오냐, 기도하자"

전능하신 주님
꽃이 피면 열매 맺고
비바람 불어도 불어도
곳간까지 가는 열매 되게 하소서

추하지도 초라하지도 않게
당당하고 곱고 아름다운 알찬 삶으로
주님의 사랑 안에 기도로 호흡하고
말씀의 높은 망대
전능자 자녀의 권세로
영원한 승리자 되게 하소서!

아들아 준비해야 한다

그날의 주인은 주님이시니

준비도 주인님의 뜻대로 하는 것

지혜자의 자세란다.

어둔 눈 밝히는

빛을 만나게 하소서

항상 기쁨

범사에 감사

쉼 없는 기도로

에녹 처럼

주님과 동행하는

만남을 주소서

아들아 준비해야 한다

목마르기 전
샘을 파는 수고를 하고

전쟁이 일어나기 전
군사를 대비하고

노년이 오기 전
그 때를 준비해야 한다

목양을 하기 전에
사랑을 준비하고

인생이 끝나기 전
천국을 준비해야 한다

아들아
무엇을 하고 있느냐?

내일은 네 날이 아니다

그날의 주인은 주님이시니
준비도 주인님의 뜻대로 하는 것
지혜자의 자세란다.

잘 심어보자

꽃씨를 심으면
꽃밭에 살고

풀씨를 심으면
풀밭에 산단다

땅에 사과나무
심고 가꾸면
과실 딸 수 있고
땅을 버려두면
잡초 밭에 산단다

사람이 무엇을 심든지
그대로 거두는데

너는 지금
무엇을 심고 있느냐.

빛을 만나게 하소서

어둔 눈 밝히는
빛을 만나게 하소서

진리를 깨닫게 하는
성령의 사람 만나게 하소서

창조주의 사랑받는 사람
능력의 사람을 만나
낙원의 면류관 길쌈하는
행복한 사람 되게 하소서

십자가가 감사로 느껴질 만큼
은혜의 능력 입혀

항상 기쁨
범사에 감사
쉼 없는 기도로

에녹 닮아 주님과 동행하는
만남을 주소서.

소녀야

세월을 밟고 가는 소녀야

안고 가는 젊은이
지고 가는 노인
무게를 이기지 못해
구부러진 허리를 보느냐

너는 상상하느냐
외롭게 떠나는 노인의 모습
미래의 네가 될 줄 누가 알겠느냐

때가 이르기 전
인생의 영원을 알고

좁은 길 좁은 문
비탈길 세워진 십자가 밑에
수고의 짐 벗는
지혜의 사람 되려무나.

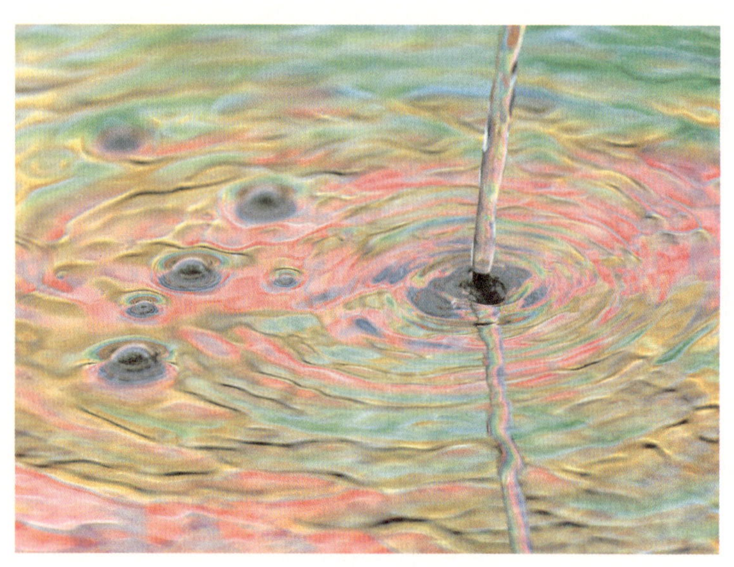

하늘을 날으라

부름 받은 복된 자여
일어나 걸어라
입을 열고 찬양하며
꿈을 가지고 하늘을 날으라

누가 너의 맘에
불안 염려 심었는가

인생길 물처럼 덧없다 하느냐
돌개천 폭포
누가 고생과 아픔이라 하느냐

정결과 노래있는
행복 길 부름 받은 자

반석 틈 솟아난
생수를 마시어라

지혜로운 아들아!

지혜의 오솔길

봄이 빛을 안고 오는지
빛이 봄을 안고 오는지
봄이 오네요

아이가 먼저냐
어른이 먼저냐
이 대답 아시는 분께 여쭈니
어른이 먼저라네요

아담 만드시고
단번에 하와 만들어
돕는 배필 되게 하여
생육번성의 복 입히셨지요

삶 속에 궁금한 것
성경 찾아보면 성령께서
해결의 오솔길 조용히 열고
알려 주시네요.

사랑해요

당신 아름다워요

당신의 모든 것 이해하고
동행해도 지루하지 않고
주어도 아깝지 않고
함께하면 평안하네요

생수처럼 공기처럼
색깔도 없고 맛도 없어
신경 쓰지 않아도
함께 할 수 있는 사람

좋은 날 생각나고
맛있는 음식 보면
더욱 생긱나는 사람

그와 같은 사람 만났나요

당신이
그 사랑의 대상 되어보아요

만남이 더욱 행복해질 것이에요.

젊고 행복한 날

오늘 당신을 만나는 지금이
나의 일생에
제일 젊고 행복한 날입니다

한 포기 풀 같은 인생
풀의 꽃 같은 젊음 동안
몇 번이나 더 만날까요

추억이 현재를 지배해
미래의 꿈이 잠들면
우리는 어쩌나요

오늘
당신을 만난 지금이
나의 일생에
제일 젊고 행복한 날입니다.

결혼식 날에

사랑하는 자야
창조주 형상 닮아
복되고 의젓하구나

밤하늘에 보름달처럼
모두에게 꿈을 심고
새벽을 깨우는
동녘의 해 되거라

샤론의 꽃 예수 닮고
가시밭의 백합 같고
수풀 속 사과나무 되어

주의 뜻 안에 둥지 틀고
영원한 행복노래
검은 머리 하얗게 바래도록
부부 함께 장수하다
상 받으러 가려무나.

희망을 잉태한 봄

겨울 터널 지나
봄이 왔어요

아름다운 모습
속속들이 희망차고

봄 태양 사랑 받고

과수원 능금 꽃 복숭아 살구 자두
곳간 채울 그날

꽃 싹틔우고 가을 열매 피어
꿈꾸는 농부 마음
눈가의 주름살도
희망을 잉태했구나.

좋은 나무

봄의 태양 대지 어루만지고
앙상한 가지 쓰다듬으니
풀잎 돋아나고
나뭇잎 눈 뜬다

같은 땅에서 단비 맞고
따스함 받으나
그 모습 다르구나

가시나무 가시 만들고
무화과나무 무화과 열리고
포도나무 포도 열린다

좋은 환경 요구하기 전
좋은 나무 되는 것이 먼저인데
미련한 자
가시나무에 거름 주는가

지혜자여
열매 나무라기 전
나무부터 점검해보아라.

말씀을 붙들라

흉악 죄 범한 다윗 왕
책망 듣고 회개하니
자자손손 영광 나타나는구나

스스로 권력 지키려
전능자의 뜻 벗어나
버림받은 사울 왕
영광이 떠났구나

말씀 붙잡으면
선한 손길에 잡히고

말씀 떠나면
전능자 보호 떠나는 것
지혜자만 안다.

해 아래 수고

조상의 수고
당신은 얼마나 기억하나

내 안에 현실만 있어
과거에 대한 감사 기억
자리 잡지 못했다면

당신의 수고도
후손에게 기억됨
감사 없으리라

"사람이 무엇을 심든지 그대로 거두리라"

해 아래 수고는 헛되다는
솔로몬의 말 이해하게 되는 날

진리를 깨치고
해 위의 삶 위해 수고하려무나.

높여주심

부자 되고 싶어
남을 가난하게 만들고

살고자 몸부림치다
생명을 무참히 해하고

높아지려 하다가
상대를 무참히 짓밟는다

그 무엇을 위해
아부하는 자를 조심하라
그것을 얻은 후에
딴 사람이 되니 말이다

물질을 초월할 때
상대를 윤택케 하고

죽음을 두려워하지 않을 때
생명을 보호하고

높은 자리 넘보지 않을 때
주님이 높여주심을
지혜자만 안다.

주님이 주신 선물

생명을 주신 주
경영의 지혜로
자녀를 기업으로 선물로 주심 알라

웃고 울며
희망 사랑 심을 밭
희생할수록 애착 더한다

약할수록 보살피며
기다림도 지루함 없이

자녀의 행복과 누림 위해
고난 심어 키우는 부모님 가슴

빨간 카네이션 빛
십자가의 독생자 핏방울처럼
영혼 먹이는 헌신

지혜자야!
부모 사랑 알고
좋은 자녀 키워보자

너 부모 되는 날
너 같은 자녀 주셔도
후회 없이 감사 거두도록

진리로 심고
거룩을 거두어보자

사랑하는 자야!

세상을 바꾸는 자

자신의 변화는
세상을 바꾼다
편견의 안경을 벗어라

자신의 가치관
진리 위에 세우면
좁은 길도 기쁨 되리라

길 따라 선 따라 가며
주님 앞에 자기성찰 하려무나

사람의 변화는 전능자의 몫
전능자의 사랑 받아야
사랑 줄 수 있고
거룩한 자 거룩함 낳으리니

행복, 기쁨, 감사
가슴에 담고
주신 사명으로 일어나자

십자가 사랑담아 세상을 품고
믿음의 본이 되어 보자
복된 자여!

맑은 눈에 가득 채우자

만나면 반갑고 소중한 당신아
조물주 형상대로 지음 받으니
얼마나 영광인가

그 뿐인가
독생자 피 뿌려 사망에서 생명으로
지옥에서 천국으로 옮겨주시니
얼마나 귀하고 소중한가

가지고도 더 가지길 원하고 자족 없다면
행복의 길 벗어나
대낮도 더듬으며 다니는 영혼의 장님

그 누구에게도 유익 줄 수 없는
불쌍한 자, 불만족의 포로됨을
지혜자 당신은 알지 않는가

이젠 서로 사랑하자

서로의 행복을 바라며
칭찬으로 가슴 열고
서로의 장점 바라보며
맑은 눈에 가득 채워 사랑하자.

빈 그릇

물을 담으면 물병
기름 담으면 기름병
무엇을 담느냐에 따라
달라지는 이름

미움 받은 자는 미워하고
사랑받은 자는 사랑한다

누구 사랑 받느냐에 따라
사랑의 대상도 다르다

육의 사랑만 생각하면
환경 따라 변하나
영혼을 사랑하는 자
영원히 변함없는 사랑 하니

이제 영원을 사랑하는 길에서
그 나라까지 두런대며 함께 가자
신령한 분의 임재 속
사랑의 그릇 되어보자.

신앙

신앙은 설명하는 것이 아니라
믿고 행동하는 것이며

고난은 논하는 것이 아니라
이유를 알고 극복하는 것이다

설교는 듣는 것이 아니라
먹는 것이며

성경은
세상 어떤 지식보다 더 깊고

유행도 없고 끝도 없이 영원한
생명의 양식이다.

때

설산이 눈물 흘리니
돌개천이 노래하고
산천어(山川漁) 헤엄치고
봄꽃들 합창한다

아!
봄이 왔다
때를 놓치지 말자
멋진 모양 화려함 뽐내보자

여름 오면 떠날 걸
잠시 있다 없어질 걸

내일로 다음에
미루지 말자

때를 잡고
주어진 사명 감당하며
의미 있게 살아보자.

희망을 말하자

저 하늘을 보라
동녘의 태양을 보라

낮 되면 밤이 오고
밤 되면 낮이 온다

고난과 시련도
행복과 기쁨도
가고 오고 돌고 돈다

행복 오면 누려라
고난이 오면 끝날 것 기다리며
더 좋은 날 기대하라

범사에 감사하며
자족을 배우자

난 웃고 살란다
희망을 이야기하고
사랑을 말하면서
분초를 소중히 여기리라.

소속과 누림

당신의 말 속에
소속이 보이고
말의 결과가 보이는구나

세상을 이긴다 말함을 보니
전능자께 속해
낙원을 누릴 자

스스로 작게 여김을 보니
환경에 빠진 자
죽지 못해 사는
사막의 떨기나무 같구나

이젠 전능자의 품 안
평인과 인식 얻고
보냄 받은 독자의 말씀 순종하며

좁은 문 들어가
천국의 누림 은혜로 받고
감사의 맘 소복이 담아
행복을 노래하라.

포기할 수 없습니다

전능하신 창조주 자신의 형상대로
나를 만드셨습니다
세상의 어느 것보다도 귀하고 아름다운 존재로
나를 만드셨습니다

물질 환경 때문에
포기할 수 없습니다
결혼이나 혈육의 잘못이 있어도
포기할 수 없습니다

그 어느 것보다
영혼의 중요함 알고 있습니다
어떤 환경과 핍박에도
영원한 천국을 향한 길에서
돌아설 수가 없습니다

창조주의 자녀 된 권세로
열심히 살 수밖에 없습니다

낙원의 면류관 향해
좁은 문 통해 달려가는 길을
포기하지 않을 것입니다.

사랑한다, 신령한 가족들

지혜, 열정 더하고

곱고 예쁘고 씩씩하게

자라게 하셨구나

/

아비는

집나간 아들

포기하지 않습니다

헤진 신발,

누추한 얼굴

그 모습 그대로

아버지 독생자 주심같이

그 사랑에 감동된 사람,

아비이지요

2018
에덴의
영광을
회복하라!
청년부 · 청장년부 온가족 연합대예배

당신을 만남은

당신을 만남은
낚시하다 지쳐 철수하기 직전에
대어를 낚은 기쁨과 행복
그 이상입니다

당신은 나의 삶에 의미를 더하고
만남의 소중함 알게 했어요

당신은 바람결 흔들리는 갈대 옆
바위처럼 의자가 되어주어요

내가 사랑하는 당신이
호수 같은 눈 가득 날 바라보고
싱긋이 웃어주면
내 가슴 행복의 모닥불 불씨 되어요

당신의 눈가에
살며시 피어나는 행복 여울
만남의 기쁨의 눈물
진심 어린 교감 있으니

영혼 깊은 곳의 평안과 안식
십자가 사랑 밑에 자라나네요.

바람

바람이 분다

봄에 부니
꽃들 피고

여름에 부니
나뭇잎 춤추고

가을에 부니
낙엽이 진다

겨울에 불면
길손 옷깃 여미고
분주한 발걸음 따스함 찾는다

돌고 도는 계절의 바람 무의미하나
성령의 바람 불면 인생 행복하니

지혜자여!
성령의 바람 체험하소.

손을 펴 보자

바람의 방향 알아도
잡을 수는 없구나

세월 따라 가는 청춘, 오는 백발
잡을 수도 막을 수도 없구나

일렁이는 바닷물 파도를 잠재우며
철따라 날아오는 새들을 오가게 할 수 있나

빈손 들고 울고 왔으나
예수 믿고 웃으며 천국가자

빈손으로 가는 삶
쓰고 가고 두고 가라
주 안의 삶 낙원의 상급된다

생명 운동 열심 내고
주신 복 헤아려
가난한 자 병든 자들 향해
손을 펴 보자

영원한 삶 누릴 낙원의 기쁨
성령 통해 용솟음치리라.

자족하는 마음

무엇이 두려워
그토록 굳어져 있나요

자신이 가진 것
누구 것인지 알고 있나요

날 부르시고 사랑하시고
양육하신 이유 알고 있나요

갈릴리 바다에서 베드로 부르신
이유를 아시나요
사람 낚는 어부로 부르셨어요

당신이 가진 금수저 보이나요

건강한 몸으로
대한민국 믿음의 가정에서 태어난 것
어떤 환경보다 행복하잖아요

당신의 아버지
전능자 하나님을 믿고 천국을 가져요

자족하는 맘만 있으면 당신은 참된 부자예요.

사랑하는 가족들

목양 40년 돌아보니
모두가 은혜
위기는 기회

가난은 풍성한 삶을 위함이었고
어려움은 가족을 단합하게 했고
바람 세찰수록
오직 목양일념 순종 길 가니

주인님, 자녀 키워
지혜 열정 더하고
곱고 예쁘고 씩씩하게
자라게 하셨구나

육적으로 부족한 부모이나
목양 길 칭찬받으니
더 나은 삶 더 빨리 도래하리라

사랑한다, 신령한 가족들.

새로운 삶

새로운 삶
새 마음에서 시작하고

새 마음
회개한 심령에서 돋아나요

회개는
주님의 보혈로 이루어지니
주님 통해 열린 문

영원한 생명 살아나고
불변의 진리 반석 되니

세속의 홍수에도
변질 없는 십자가 사랑 안
행복요새에 둥지 틀어요.

더불어 사는 지혜

당신은 몸통입니다
깃털 같은 나를
하늘공간에 펄럭일 수 있는 곳
날개에 붙여주셨습니다

비를 맞아 기죽어 있을 때
온 몸 흔들어 물기를 제하고

짐승을 만날 때면
더 분주히 날개를 흔들어 피하게 하고

모두가 협력해서
깃털 하나가 아닌 날개로
더불어 사는 지혜를 주셨어요

몸통 된 주님께 서로가 깃털 되어
마음껏 날아보는
지혜를 가져봅시다.

심는 대로 거두어라

흙 가슴 옥토에는 씨 뿌림 있어야 기대되고
물주는 열심도 씨 없는 곳에는 헛수고

지혜자여 눈물로 씨 뿌림의 수고 견뎌야
풍성한 열매를 얻는 것 전능자의 섭리라

무엇을 심든지 그대로 거두리라
수고를 보상하는 자연의 공의 넘치니

땀 흘림의 수고 즐거워하며 사랑하라
풍성히 거두는 복 온누리에 임하리라

수확의 기대 이상으로
믿음 심어 구원 이루고 즐거워하여라

보혈의 은혜로 죄 용서 받고 성령 받은
천국의 백성이여 감사 찬양 드리어라.

사랑의 그릇

함께함이 고통이라 하나
약함이 은혜 되니

내 마음 사랑 찾고
인내 키워주는 당신은
동행과 사랑의 대상

돌봄의 수고 뒤로 하고
불만만 토하는 자녀도
없는 것 보다 낫다는 부모

사정없이 쏟아내는
잔소리꾼 부부도
혼자보다 나은 것
체험한 자만 안단다

사랑의 눈 이해 긍휼 씌우면
기다림이 행복 되고
사랑 담는 그릇 되어
평안의 맘 소복이 담는다.

조물주가 하시면

반석에서 물이 솟아날까요
조물주가 하시면 가능해요

적은 음식으로 많은 사람 먹일 수 있을까요
베데스다 광야에서 이루어졌지요

물이 변하여 포도주가 될까요
예수님 계신 가나 혼인잔칫집에
기적이 나타났지요

나는 부자 될까요
어떤 부자 원하나요

자기의 분수를 알고
그 부가 교만과 타락의 씨
되지 않을 믿음 있으면
부자 되지요.

보았는가

꽃보다 아름다운 사람
그 모습에 감격해 보았는가

주의 신부의 매력
그 향기를 맡아 보았는가

보이지 않는 영혼사랑
위대함을 느껴 보았는가

엄마의 눈빛 속 흐르는
자녀 사랑의 파장을 보았는가

청춘의 가슴에 도는
진실한 사랑의
물레방아 소리를 들어 보았는가

주는 자의 행복
체험해 보았는가

아들 주신 하나님의 사랑을
느껴보았는가

형제여
하나님 사랑의 감사를
사람 사랑으로 실천해보았는가.

신앙을 점검하라

영혼이 감기에 걸리니 표정이 굳어졌구나
누군가의 바이러스가 그에게 자리 잡았나보다

성령의 역사 속 만남은 기쁨 되고
희망찬 삶, 거룩한 꿈 찾는데

당신의 표정을 보니
주님이 기뻐하는 복된 자 만나지 않은 듯 싶다

지혜자여!
달달한 음식보다 건강한 음식이 좋은 것 같이
달콤한 위로의 말에 영혼 사랑 잠들게 하는
숨어있는 악 찾아내고

당신의 첫사랑과 순수한 맘
어디서 떨어졌는지 생각하고
환경과 자신을 점검하라

말씀으로 새롭게
피로 값 주고 산 교회의 소중함을
다시 한 번 발견하려무나
사랑하는 자야!

아비

아비는 집나간 아들
포기하지 않습니다
아비는 그에게도
희망을 갖습니다

실패한 그 모습 그대로
남루한 옷 그대로
헤진 신발,
누추한 얼굴
아비는 문제 삼지 않아요

집으로 돌아와
목을 안고
입을 맞출 수 있음이
감사요 행복이지요

아비는 자녀 위한 것이라면
그 무엇도 아낌없이 드려요

큰 아버지 독생자 주신
그 사랑에 감동된 사람,
아비이지요.

아비와 자녀

전능자의 은총으로
창조의 능력으로

아비와 자녀됨은
선택의 여지가 없는 것

자녀 사랑
아비의 땀 흘림이 보람되고
부모 존중
행복한 현재 미래 일구는 능력
지혜자는 안다

신령한 가정 빛 속에 자맥질하고
동행이 행복한 아름다운 길

비바람 눈서리도
사망의 골짜기, 늪지대도
사랑의 아비마음만 있다면
극복할 수 있으리라

돌아온 탕자도 받아주는 아비의 마음만이
십자가 사랑 핀 정원을
조성하리라.

변화와 수고

사랑하는 아들아
누가 너를 이토록
변화와 수고를 싫어하게 했느냐

하나님이 누구인지
예수님이 무엇을 하셨는지
성령님이 무엇을 하시는지 아느냐

아브라함에게
믿음의 조상의 복 주실 때
갈릴리 어부
천국의 큰 자 제자 삼을 때
무엇을 요구했나

자기 부인하지 못하면
주님의 제자 될 수 없는 것
지혜자는 아오니

하나님
지혜자에게 큰 복 주어
머리되고 꼬리 되지 않게 하소서.

믿음의 참 아들

조상 대대로
경건의 훈련 받은 디모데
믿음의 참 아들
동행과 보호와 교훈의 사랑
큰 은혜 입고 바울 곁에 있구나

함께 군사 된 에바브로디도
주의 일에 헌신하는 일꾼
질병으로 온 교회 근심되었으나
님의 긍휼로 치료받고
신령한 가족의 기쁨이 되었구나

근심과 기쁨을 함께하는 가족
존귀히 여길 자를 영접하는
지혜와 분별력 갖고
영육 승리의 노래를 부르며
바울과 함께 하는
주님 곁에 서서 가자.

백합처럼

눈물 머금은 잔디 파란 잎 돋아내고
담장 넘어 목련 주먹 손 살며시 들고
담장 밑 개나리 노랑 입 벌리며
도로 가 벚꽃 환하게 웃는 봄

세발로 걷는 노파도
사랑의 손 꼭 잡은 청춘 남녀도
유모차 타고 비스듬히 누운 아기도
삶의 조화를 느끼며 걸어가는구나
아! 이날이 벚꽃 축제란다

말 못하는 벚나무도 행복을 주는데
신비의 은총 입은 사람
왜 이토록 외로움을 호소하며
가시나무같이 사는가

이젠 벌 나비 찾고
사람들 찾아오는
백합처럼 살아보자꾸나.

복음을

아름다운 복음을
온 몸에 품어보라

능력의 복음으로
마음을 무장하라

박토 맘 일구어
복음을 심어보아라

구원의 꽃길
행복한 열매되어

영혼의 능력
빛의 지혜 임하리라

아! 내 영혼
복음의 능력입고
좁은 길 좁은 문
십자가 길로 노래하며
가게 되리라.

피어나요

얼굴 좀 피세요
무슨 걱정거리 많아
핀 꽃처럼 예쁜 당신의 표정
썩은 나무옹이처럼 할 것이 무엇이요

그토록 사랑하는 아내 남편 있고
오로지 그 얼굴만 바라보는 자녀 있는데
그 무엇이 문제요

그뿐인가요
전능자가 당신의 심령 폐부까지 보고 있는데
무엇이 안 된다고 배신당했다고
씩씩 대나요

세상이 안 되나 되나
나중 가면 별거 없소

범사에 감사한 맘만 있으면
모든 것이 합력하여 선이 되니

이젠 당신의 멋진 모습
한 송이의 예쁜 꽃이 되어

벌 나비 춤추며 달려오는
꿀처럼 맛있는 진리를 구해요

세상에 감당하지 못할 시험 없다는
말씀의 양식에 마음 두고
할렐루야 찬양해요.

행복합니다

난 희망을 말할 수 있어
행복합니다

난 실망할 수 없는
신령한 체험이 있어 행복해요

난 낙엽지는 가을엔
겨울지나 새 봄 오는 꿈 꿀 수 있어
행복합니다

세월 흘러도 우울함 없음은
십자가의 길목을 거닐 때 받은 선물

가는 세월 지루함 없이
기대에 부풀어
나날의 징검다리 건너며

희망을 사랑하고
영원을 사랑하며
복 된 새 날 노 저어 갑니다.

비상

한 마리의 새
밤새도록 슬피 옮은
함께 날던 동지
날개를 다쳐 날수 없게 되었대요

고치려 해도
회복시킬 수 없는
동지의 날개
자신의 힘으로 어쩔 수 없어
밤 새워 울고 있는 새

추억을 먹고
슬픔을 뒤로 하고
날 수 있는 자신의 날개를 펼쳐
건강한 날개주신 하나님께
감사의 노래 부르고

날개 잃은 새 도우며
행복의 길 함께 갑니다.

눈을 하늘 향해

눈을
하늘 향해 들라

탁 트인 공간
환한 빛 솟아나고
구름이 꿈틀댄다

장애물 없으니 막힘도 없다
새들이 날고
바람이 지나가는
끝없이 넓은 공간을 보라

환경의 결박 벗고
세속의 염려 걱정 날려 보내자

겉사람 굴레 벗고
속사람 능력 입어
사랑과 감사 아름안고
희망을 노래하자.

보호의 능력

능력의 말씀
성령으로 가능하고

거룩한 삶
진리 순종으로 이뤄지고

심령천국은
성령의 성품 속 유지된다

풍랑 일어나는 바다
잔잔하라는
주님의 호령에 멈추고

홍해는
택자들 가는 광야길 위해
열린다.

소원

변함없이 행복한 삶
원하는가

누구나 원하지만
행복한 길 선택한 사람
심히 적으니

샘에서 물이 나고
심어야 싹이 나니
수고 없이 얻으려는 행복
진리가 허락지 않는 법

무엇을 심든지
그대로 거두는 약속 믿는 자는
수고도 희생도 즐겁게 한다

천년을 하루처럼 보시는
하나님 앞에
인간의 삶
단 몇 초에 불과함 알아

분초를 아끼며
영원을 바라보며 사랑을 심노라.

진리의 요새

바람을 잡을 수 있나
세월을 머무르게 할 수 있나

인생아
할 수 있는 것 무엇 있는가?

물 위에 떠 있는
나뭇잎 같은 인생아

저 물길을 어찌 돌리고
철 따라 찾아오는 철새는
어찌 막으려나

인생아! 분수를 알자
빈손 들고 벗온 몸으로 왔으니
손에 든 것 놓고 가면도 벗고

겸손한 삶
진리의 요새에 몸 숨기어라.

들으라

아내에게 말하라

자신이 원하면
남편의 말을 들어라

남편에게 말하라

자신의 소원을 원하면
아내의 말을 들어라

그의 원하는 것을 듣고
말하는 것을 조심하라

자신의 요구는 잘못될 수 있으니
기회 있는 대로 진리를 말하라

사랑을 가지고
상대의 유익을 위해 말하라

성령이 서로의 삶에
왕 노릇 하도록 말하라

아!
행복한 가정은
그늘없이
듣고
말할 때
이루어지리.

사랑 밭

부모님 당신은
자녀의 근본이며 밭입니다

뼈와 피, 살과 체질
아무도 바꾸어 놓을 수 없는
모든 것이 닮았습니다

자녀는 부모님의 일부이며
사랑의 열매입니다
산고 헌신 기다림으로 맺힌
소중한 열매입니다

그러나 무지하기에 큰 은혜는 잊고
작은 것에 붙잡혀 신음하고 있어요

공기, 불, 숲, 지구
수고 없이 받은 것 잊고 살듯
부모의 인내와 수고도
당연시하는 불효자를 용서하소서

부모님 수고 하셨어요
감사해요

내 아들이 나 같으면 어쩌나
입장 바꾸어 생각해 보았어요

또 내가 목회자라면
나 같은 성도 진심으로 사랑하고
믿을 수 있을까 스스로에게 물어보아요

신령한 가정의 미래와 영원을 향해
모래사장을 걷다가 돌아서서
걸어온 발사국을 보며
지난날을 추억하고
남은 길을 걸어갑니다.

참 안식을 얻으라

사망에 결박되어
탄식하며 고단한 삶
생명줄을 잡으라는
주님의 음성 외면 말라

살아봐야 몇 년
풀잎에 핀 꽃처럼
잠시 머물 나약한 행복위해
영원한 행복 잊을 건가

인생이 무엇인가
가진 미모, 직장, 물질, 영광
얼마동안 유지 될까

이젠 깨달아 발걸음 멈추고
영원한 요새 전능자의 품에
참 안식을 얻으라.

사랑의 아버지여

사랑의 아버지여
갈수록 갈수록 작아지고
받을수록 더 모르는 큰 사랑

감사도 헌신도 순종도
내 실력 아님 알아
그냥 그저
사명에 잡혀 하루하루 삽니다

부자 청년 잡고 싶은 마음
강도 만난 사마리아 사람
경히 여기는 환경에
매몰되지 않게 하소서

주여! 나를 도우소서
환경에 지지 않게 하소서
함께 십자가 질 헌신된 자들 주소서

하나님을 사랑하는 자
가난한 자 병든 자 소외된 자
힘없는 아이들과 더불어 살아갈 자
보내소서

그리스도의 지혜로
신령한 가족
세상의 빛 소금 사명
감당하게 하소서.

아비목회 40년 •
아비가 들려주는 사랑의 시 100

나의 기쁨
나의 사랑하는 보배여

지은이 권태진
초판발행 2018년 10월 15일

등록번호 제 2003-6호
등록된 곳 경기도 군포시 오금로 102
발행처 성빛출판사
전화 031-397-6754   **팩스** 031-397-9241
이메일 sungbitbooks@gmail.com
홈페이지 www.sungbit.com

ISBN   978-89-87187-32-7 (03230)